60,-

Ein Elfenhellfer Selbsthilfebuch

Sei gut zu Deiner Ehe

Dieses Buch wurde auf völlig chlorfei gebleichtem
HANF-PAPIER
aus Hanfschäben gedruckt - eine österr. Weltneuheit.
Eine Tonne Hanfpapier erspart das Fällen von zwölf
ausgewachsenen Bäumen: und ein einziger Hektar
Hanf bringt auf Dauer die mindestens 4-fache Menge
Papier wie ein gleich großer Wald.

Sei gut zu Deiner Ehe
Titel der Originalausgabe: Be good to your marriage Therapy

Übersetzt von Sylvester Lohninger
und Robert Jaroslawski
Gedruckt in Österreich und Ungarn

1. Auflage 1999
ISBN 3-85466-007-3

Ein Elfenhellfer Selbsthilfebuch

Sei gut zu Deiner Ehe

Verfaßt von
Kass Perry Otterweich
Illustriert von
R.W. Alley

Edition LebensTraum
im Sequoyah Verlag

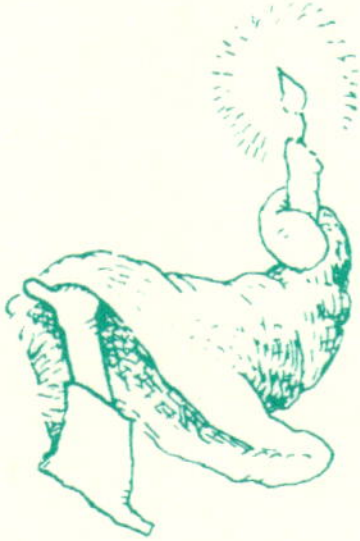

Weitere bald erscheinende Elfenhellfer:

Freundschaft entfalten
Beherztsein im Alltag
Finde Dein Gebet
Erlaub Dir zu vergeben
NOCHMALS: Sei gut zu Dir
Erfüllende Arbeit
Den Frieden leben
Sich selbst wertschätzen
Nimm Dein Leben in die Hand
Wahrhafte Weihnachten
Heilung dem Helfer
Sei sanft mit Deiner Wut
Wieder gesund werden
Im Leiden Sinn erfahren
Sei gut zu Deiner Familie
Dem Stress heilsam begegnen
Beflügelt Lehrer Sein
Mit Deiner Seele auf Du
Neues Baby - Neues Leben
Als Mann zu seiner Trauer Stehn
Aus Depression Auferstehn
Göttliches Urvertrauen

Feiere Dein Frau-Sein (008-1)

Feiere die einzigartige Erfahrung und die vielfältigen Gaben, die darin liegen, eine Frau zu sein. Dieses zauberhaft illustrierte Büchlein schäumt über mit einer bejahenden und ermächtigenden Botschaft für Frauen jeden Alters und jedweder Lebenssituation.

Spiele Dich frei (010-3)

Mit fröhlichen Illustrationen und ermutigenden Richtlinien erinnert uns der Autor, daß es „in Ordnung ist zu spielen und glücklich zu sein". Gott spielte uranfänglich mit grenzenlosen Möglichkeiten - einschließlich Dir - und es war gut.

Die ersten 6 von 34 Elfenhellfern:

Sei gut zu Dir (3-85466-000-6)
Bleib guten Mutes (003-0)
Ein einfacheres Leben (002-2)
Loslassen im Annehmen (005-7)
Dein inneres Kind Erinnern (001-4)
Lasse Dir Zeit (004-9)

Die zweiten 6 von 34 Elfenhellfern:

Sei gut zu Deinem Körper (006-5)

Dieser „Elfenhellfer" ist eine wahre Quelle gesunder Körper-Weisheit, eine ganzheitliche Herangehensweise an Fitness als Ausdruck innerer Freude.

Alles Gute zum WiederGeburtsTag

Hier ist eine wunderbare Einladung zu einer sinnvollen Feier dieses besonderen Tages, an dem wir - wieder - ins Buch des Lebens eingetragen werden. (009-X)

Sei gut zu Deiner Ehe (007-3)

Dieser „Elfenfellfer" für verheiratete Paare ist ein warmherziger Führer für jene, die grundlegende Regeln von Liebe und Romantik kennen, aber einer gelegentlichen Ermutigung bedürfen, um das Knistern und die Freude ihres gemeinsamen Lebens wieder anzufachen.

Vertraue Deiner Trauer (011-1)

Der Tod eines geliebten Menschen hat eine machtvolle und bedeutende Auswirkung auf unser Leben. Dieses Büchlein bestärkt jene, die trauern, daß ihr Schmerz zu einer tiefgreifend verwandelnden Heilung werden kann.

Dem überaus liebenswerten Charakter der ersten Bücher, der mit Vergnügen seine „Zwelfen"-Mütze trägt, die von einer lebhaften, alle Stimmungsänderungen mitmachenden Kerze gekrönt ist, hat sich inzwischen ein beherztes weibliches Elfenwesen mit Blumen im Haar angeschlossen.

Diese zwei überschwenglichen, feinfühligen, findigen, warmherzigen und liebenswerten Geister - zusammen mit ihrer lebhaften „Zwelfen"-Gemeinschaft - berühren und enthüllen uns, was wirklich wichtig ist, indem sie Botschaften von Freude und Ver-Wunderung, von spielerischer Munterkeit und von Mitschöpfung, von Ganzheit und heiterer Gelassenheit darbieten, Botschaften vom Wunder des Lebens und vom Mysterium der Göttlichen Liebe.

Wir kommen dabei „auf manchen dieser Seiten des Lebens" ohne viel Aufhebens, aber spürbar mit dem Allguten, durch das alles, was ist, ist, in Berührung. In personaler oder alles Personale übersteigender Weise können wir erfahren, daß Er-Sie-Es uns alle samt und sonders in sich birgt. Wie es denn - alles abrundend - in dem Elfenhellfer *„Ein einfacheres Leben"* ohne Umschweife heißt: „Wisse, daß Dein wahres Zuhause in der heiligen Gegenwart liegt. So einfach ist es."

Mit verschmitzter Stimmigkeit, launiger Weisheit und großer Herzenswärme demonstrieren die kleinen Zwelfen-Geschöpfe mit den etwas längeren Nasen den Elfenhellfer-Weg zu einem reichen und erfüllenden Leben.

Die Geschichte der Elfenhellfer-"Elfen"

Die einnehmenden „Zwelfen"-Gestalten, welche die „Elfenhellfer"-Publikationen des *Sequoyah-Verlages* bevölkern, erschienen erstmals 1987 auf den Seiten eines kleinen Selbsthilfe-Buches von *One Caring Place, Abbey Press,* Indiana, das sich „Sei-gut-zu-Dir-Therapie" nannte.

Vom Mitarbeiterstab „geschaut" und entworfen und aus einem auf Deutsch nicht gänzlich wiederholbaren Wortspiel zwischen Elf-Help (Elfen-Hilfe) und Self-Help (Selbst-Hilfe) aufgetaucht, haben die „Zwelfen" in den einfallsreichen Illustrationen von R.W.Alley ihre endgültige Gestalt erlangt und lebten erstmals die sanften Ratschläge der Autorin Cherry Heartman (u.a.) mit Charme, Treffsicherheit und Humor vor.

So haben die „Elfenhellfer" begonnen, uns mit erhellenden EinSichten und AusSichten zu hellfen, das Leben lichter und unmittelbarer zu sehen. Unter der Devise „Heller statt schneller" geben sie uns „LebensMittel" an die Hand und ans Herz, die sich als wahrhaft nahrhaft für das Gedeihen unseres eigentlichen Wesens und als recht wesentlich für unser DaSein erweisen.

Sie bereichern uns mit „Gehfühlen" und „Gehdanken", die unseren seelischen Himmel aufklären können und mit der warmen Weisheit und dem leuchtenden Ge-Wahrsein unserer Herzen in wohltuende Resonanz treten.

Der Widerhall bei den Lesern war so enthusiastisch, daß bald schon mehr Elfenhellfer-Selbsthilfebücher auf dem Weg waren; eine immer noch wachsende Reihe, die auch eine Anzahl verwandter „Gehschenk-, Gehspür- und Gehdenk"-Artikel inspirierte.

WIR
HEIRATEN

30.

Seid geduldig miteinander;
Ihr heiratet noch immer.

29.

Betet; preist Gott für das Leben,
das Ihr miteinander teilt.

UNSER
FAMILIEN
ALBUM

28.

Erinnert Euch an das Vergangene;
eure Vergangenheit formt die
Gegenwart und die Zukunft.

27.

*Genießt Stille miteinander;
Stille zwischen Liebenden ist
geheiligter Raum.*

26.

Sieh Dich nach Liebe um; sie ist da, selbst wenn Du sie nicht „fühlst".

25.

Respektiere die Familie Deines Gespons; Du bist nun ein Teil von ihr.

24.

*Tu Liebevolles für Deinen Partner;
Dein eigenes Herz wird darauf
empfänglich reagieren.*

23.

*Erlaubt Euch, stark zu sein.
Ehe ist ineinandergreifende,
wechselseitige Abhängigkeit.*

22.

*Erlaubt Euch, schwach zu sein;
Ehe ist ineinandergreifende,
wechselseitige Abhängigkeit.*

ICH LIEB DICH

21.

Überrascht einander; das Unerwartete rührt das Herz.

UNSER NEUES HAUS
KÜCHE
W.Z.
B.
B.Z.

20.

*Teilt Eure Träume miteinander.
Vertrautheit läßt das Morgen
möglich scheinen.*

19.

Weint zusammen. Tränen, die miteinander geteilt werden, verbinden die Herzen.

18.

Lacht zusammen. Lachen kann eine große Kluft überbrücken.

17.

Pflegt Freundschaften;
sie sind ein Teil Eurer Ehe.

16.

Freundlich und liebevoll vergebt;
Liebe kennt keinen Stolz.

15.

Riskiert, verletzt zu werden;
Liebe kann sich ohne Risiko nicht vertiefen.

14.

Seid bereit, Euch zu entschuldigen;
Liebe bedeutet, fähig zu sein,
„Es tut mir leid“ zu sagen.

13.

Fechtet fair miteinander: Keine Drohungen, Beschuldigungen oder Beschimpfungen.

12.

Macht Euch immer so schön, wie ihr könnt; Euer Partner verdient es.

11.

*Sagt einander: „Ich liebe Dich!“
Was für eine Freude macht es,
diese drei kleinen Worte zu hören.*

10.

Spielt Spiele miteinander, die nicht auf Wettstreit aus sind; Ihr gewinnt beide dabei!

9.

Verbringt auch Zeit getrennt voneinander; gesonderte Interessen erzeugen Interesse aneinander.

ZU
VER-
KAUFEN

8.

Fürchtet Euch nicht vor Veränderungen; Wandel und Wechsel in einer Ehe kann Wachstum bedeuten.

7.

Respektiert wechselseitig das Recht darauf, Euch zurückzuziehen und jeder für sich zu sein; individueller Freiraum ist wichtig.

6.

Seid romantisch; hört niemals auf, einander den Hof zu machen.

5.

Berührt Euch sanft; Berührungen sagen „Ich liebe Dich" auf eine besondere Art und Weise.

4.

Mache Deinem Gespons vor anderen Komplimente; öffentliches Lob und Wertschätzung halten lange vor.

3.

Mache Deinem Gespons
Komplimente;
sei aufrichtig und herzlich.

2.

*Bittet um das, was Ihr wollt.
Dein Partner kann nicht Gedanken lesen.*

1.

*Erforscht miteinander das Leben;
es gibt immer etwas Neues zu
entdecken.*

Vorwort

Seit Ihr in Eurer Ehe zusammengekommen seid, habt Ihr - Du und Dein Lebenspartner - wahrscheinlich mit großer Sorgfalt auf die praktischen Aspekte Eures gemeinsamen Lebens achtgegeben: Die Finanzen, Kinder und deren Obhut und Betreuung, Ziele Eurer Berufslaufbahn und die häuslichen Pflichten. Inmitten all dieser Belange ist es jedoch leicht, darauf zu vergessen, daß Liebe ein ganz eigenes Leben hat.

Allzuoft vernachlässigen Paare ihre Beziehung, bis kleine Irritationen sich zu einer ernsten Krise auswachsen. *„Sei gut zu Deiner Ehe"* ist ein sanfter Versuch, Ehepaaren zu helfen, ihre Liebe zu nähren und Krach abzuwehren.

Die dreißig „Leitgedanken" in diesem kleinen Buch wurden zusammengetragen aus professionellen Ratschlägen, die Hand und Fuß haben, und den praktischen Erprobungen von Paaren, die diese Ratschläge als wahr und wirksam erfahren haben. Die Einfachheit dieser Richtlinien bewahrt in sich eine zeitlose Weisheit, die Paare befähigen kann, in der göttlichen Gegenwärtigkeit in wechselseitiger Achtung einander treu zu leben.